ESSAIS
ARCHÉOLOGIQUES, HISTORIQUES
ET
PHYSIQUES,
SUR
LES ENVIRONS DU HAVRE.

Par M. P....

AU HAVRE,
CHEZ STANISLAS FAURE, IMPRIMEUR DU ROI.

1824.

[illegible]

[illegible]

[illegible]

[illegible]

[illegible]

[illegible]

[illegible]

[illegible]

[illegible]

[illegible]

[illegible]

ESSAIS

ARCHÉOLOGIQUES, HISTORIQUES ET PHYSIQUES

SUR LES ENVIRONS

DU HAVRE.

> Propterea quid sit prius respicere ætas
> Nostra nequit nisi qua ratio vestigia monstrat.
> *Lucret*, l. V.

IL n'est point sur la terre, je ne dirai pas de ville, mais même de village qui ne cherche à ennoblir son existence par quelques traditions qui l'offre comme le théâtre d'événemens peu ordinaires; si l'histoire n'en a point fait le lieu de naissance de quelque héros, ou le champ de quelque bataille mémorable, alors ce sera par le modeste récit de faits miraculeux, d'apparitions, de sorcellerie que ses habitans se recommanderont à l'attention des étrangers, et voudront sortir de cette nullité humiliante qui blesse l'amour-propre dans ses plus tendres affections, l'amour de la patrie. C'est à ce sentiment inné que l'on doit tant de chroniques mensongères, alimens de commentaires et de discussions savantes qui finissent par faire douter que des absurdités ne contiennent pas quelque fond de vérité.

Quoique ce sentiment d'affection qui m'attache au sol où j'ai vécu, m'inspire le désir de communiquer aux autres, quelqu'intérêt pour ma patrie, je me garderai bien de vouloir l'exciter autrement que par des faits avérés, puisés dans l'histoire; j'écarterai tout ce qui me paraîtra improbable et extraordinaire; le merveilleux est presque toujours le mensonge, parce que la vérité des tems antiques comme la vérité des tems modernes, en offrant toujours des hommes avec leurs passions, a toujours offert les mêmes résultats; ce qui ne peut point exister, n'exista jamais.

Un plateau bas et marécageux, formé par les attérissemens de la mer et de la rivière, ayant deux lieues d'étendue de l'Ouest à l'Est, et une demi-lieue de largeur, borné, au Nord, par les côtes de Sanvic, Ingouville et Graville, voilà le théâtre très-circonscrit où existèrent, dans les tems antiques, des Villes et des Ports célèbres. Le cultivateur paisible ensemence les places où ils furent, et ne se doute guère qu'en ces lieux où règne un profond silence, s'agittaient les passions bruyantes de peuples barbares et dévastateurs qui s'en entr'arrachaient la possession.

Si les traces de ces villes sont effacées comme celles des hommes qui les opprimèrent, la science réclame leurs anciens ressouvenirs, pour lier le passé avec les tems modernes, et restituer à l'histoire les pages que l'ignorance arracha de ses fastes.

En examinant successivement ce qui est ou fut sur ce plateau, où l'œil n'aperçoit que la ville du HAVRE-DE-GRACE et une riche culture, je dois me dispenser d'entrer dans de minutieux détails sur ce qui n'est que moderne et n'entre pas dans mon plan : que le financier et le commerçant calculent les richesses et les avantages du port du Havre, et offrent les moyens de les accroître; étranger à ces utiles et précieuses discussions, je ne parcourrai que des débris et des ruines; j'abandonne le présent, je ne cherche que ce qui n'est plus.

HAVRE-DE-GRACE.

Une charte de François Ier., donnée en 1520, ordonna qu'il serait construit une ville fortifiée à l'embouchure de la Seine, au *Port-de-Grâce* : ce lieu avait déjà été choisi par des commissaires qui l'avaient préféré à Touques et à Etretat, et dès 1516, on en avait commencé les fortifications.

Il y existait donc une crique ou port nommé *Havre-de-Grâce*, et cet ancien nom a prévalu sur celui de *Franciscopole* ou *Ville Françoise*, qu'on voulait lui imposer en mémoire du prince qui l'avait comblée de priviléges pour y attirer des habitans.

Dans un compte rendu, en 1491, des dépenses

faites pour la restauration des fortifications de la ville d'Harfleur, et présenté à la chambre des Comptes, il est porté un article ainsi conçu :

« A Pierre Carbonel et Pellerin, mariniers, » pour avoir apporté le nombre de 5,000 de » caillou taillé, en leurs bateaux, depuis le *Havre-* » *de-Grâce* jusque sur les quais d'Harfleur, 2 livres » 2 sols. »

Une maison encore existante au coin des rues Royale et de la Crique, et dont la construction est antérieure à l'année 1516, était une auberge, et porte sur le poteau cornier, la sculpture d'un homme à cheval, et vers le bassin, qui fut jadis la grande crique, celle d'un batelier, pour indiquer qu'on y louait et logeait des chevaux, et qu'on s'y adressait pour le passage de la crique.

Ces preuves suffisent pour démontrer que le *Havre-de-Grâce* préexistait à l'année où l'on croit vulgairement qu'il fut construit ; qu'il y avait une population, dont les établissemens civils et ecclésiastiques étaient à Ingouville, au-delà du terrain marécageux qui environnait cette bourgade.

Mais quoiqu'il existât avant le règne de François Ier., il ne s'ensuit pas, comme l'ont prétendu quelques auteurs, le père Daniel et autres, qu'il ait joui anciennement d'une célébrité historique.

Comment peut-on supposer que ce fut dans

cette crique du Havre, qu'en 1449 on ait armé une flotte pour transporter en Angleterre les secours accordés par Louis XI au comte de Warwick, lorsque l'on ajoute qu'à son retour, ne trouvant pas à propos de laisser sa flotte au Havre qui, alors, par son peu de défense, ne lui parut pas un port sûr; qu'il la fit passer à Harfleur et à Honfleur, pour qu'elle ne fut pas exposée aux insultes des ennemis; si Harfleur et son port ne suffisaient pas pour contenir cette flotte, comment en eût-on pu faire l'armement dans la crique du Havre, ou il n'y avait ni magasins ni arsenal?

Comment, en 1485, y eût-on fait un embarquement de 4,000 hommes?

Comment le père Daniel a-t-il pu avancer qu'après la reddition d'Harfleur, aux armes de Charles VII, que les anglais rendirent aussi les deux tours du Havre-de-Grâce, « qui, dit-il, » n'était pas encore une ville, mais un bourg » ouvert où l'on avait bâti ces deux tours pour » commander l'embouchure de la Seine »; lorsqu'il est avéré que l'une des tours du Havre ne fut construite que sous le règne de François Ier., par le sieur du Chilou, qui en était gouverneur; et la deuxième, qui n'existe plus, par le sieur de Maligni, qui s'intitulait *Vidame de Chartres*, en 1562? Ces fautes historiques viennent de ce que ces divers ports, très-rapprochés, ont été confondus, et que des auteurs peu conséquens et mal instruits, ont attribué à l'un ce qui était tout à l'autre. Des allégations hasardées ne sont pas toujours faciles à détruire, et cependant sont reçues de confiance par les lecteurs bénévoles. Que d'auteurs font de l'histoire de vrais romans historiques qui, s'ils n'offrent pas de dangers pour le cœur, comme ceux de nos femmes auteurs, égarent l'esprit et rendent les vérités douteuses (*a*).

LE QUIEF DE CAUX ou CHEF DE CAUX.

A peu de distance du Havre-de-Grâce, à la descente du cap de la Hève, vers les Tuileries, était le port nommé, en 1536, *le Port-aux-Bateaux*.

Le sieur de Marceille, premier procureur du Roi, et presque contemporain, dit dans ses mémoires de la ville du Havre : « En cette même » année, lors de la guerre avec Charles-Quint et » ses Espaignes, et qu'il étoit bruit que ses Fla- » mands prétendaient dresser une armée, afin » de venir en Caux pour surprendre la ville du » Havre, alors mal enclose et mal fortifiée, il » aurait été fait bâtir sur le Perrey, près le *Port-* » *aux-Bateaux et Tuileries*, trois boulevarts de » tourbe avec chacun trois canons, où les bour- » geois et habitans de la ville faisaient garde jour » et nuit; et à présent, dit-il, sont, lesdits bou- » levarts, couverts de Perrey ».

Mais ce Port-aux-Bateaux que le Perrey a fini

par envahir, et dont le sol et les traces sont enfin ensevelis dans la mer, fut jadis d'une assez haute importance pour attirer les attaques de l'armée de Henri V, lorsque ce prince vint assiéger la ville d'Harfleur en 1415.

« *Rex angliæ*, dit Cambden, *accensis navibus mare sulcans applicuit in Normaniam in loco vocato* Kidecaus, *nemine resistante : traxit autem secum classem mille et quingentarum carinarum ad negotia martia sufficienter instructum et dùm ipse cum suis villam de Harflu obsideret per aridam, etc.* »

En l'an 1490, il fut fait des travaux à ce port, pour retarder les efforts de la mer, qui en détruisaient les jetées et les fortifications.

Ce compte, dont j'ai extrait plusieurs articles et que je rapporterai autant pour satisfaire la curiosité que pour prouver mes assertions, porte :

« A Adrien Leclerc, pour lui et ses compai-
» gnons, pour une tâche de pionnerie qui lui a
» été baillée à faire à la tranchiée du Chief de
» Caulx, pour la fortification et emparement dudit
» lieu, par l'ordre de M. de Montillon, commis-
» saire du Roi notre Sire, tant des murailles
» tranchiées et bouleverts, pour la garde et défense
» du pays, par advis et délibérations des officiers
» du Roi, nobles du pays et gens à ce cognoissant,
» illec assemblés, etc., pour faire deux jetées de
» pieulx, fagots et pierres en devant du boule-
» vart, etc., à 5 et 4 sols par jour, etc. »

Enfin, pour ne pas rapporter un détail très-longuement exprimé, il fut employé cent-treize pieux de dix-huit pieds de long, en chêne, hêtre, et six de saule, à 15 deniers la pièce, 7 livres 2 sols 3 deniers; tout ce travail, pieux compris, monta à 61 livres 7 sols 4 deniers; le marc d'argent était à 11 livres 10 sols.

« A Geoffroi Bonnet, la somme de 22 livres » tournois, pour 1,400 de caillou taillé, livré à » la Tuilerie, proche le Chef de Caux ».

Ce port, comme on le voit, différent de celui du port ou Havre-de-Grâce, était le point le plus avancé et le plus fortifié vers la mer; c'était la clef de tout le plat pays qui s'étendait du rivage de l'Ouest jusqu'à Harfleur (*b*) : son importance fut telle, en 1345, qu'il fournit à l'armement de la flotte de Philippe de Valois, trois vaisseaux effectifs, c'est-à-dire un de plus que Fécamp, et un de moins que *Chierbourc*. Dans des tems plus reculés, lorsque le rivage et le cap de la Hève étaient très-avancés dans la mer, quelle devait être l'importance de ce port! Il est probable qu'il fut aussi célèbre que celui d'Harfleur, et plus favorable pour la navigation que ne l'est celui du Havre, parce qu'il était plus à l'abri des vents du Nord et de l'Ouest, par la prolongation du cap qui en interceptait la violence.

C'est sans doute à la difficulté de doubler ce cap et de se rapprocher de ce port par une habile et rapide manœuvre, que le nom de Sainte-Adresse fut donné au village dans lequel est ce cap, mais son antique et vrai nom est *Saint-Denis-Chef-de-Caux;* Sainte-Adresse ne figurant dans aucune légende, il ne peut être qu'allégorique, et cette Sainte ne fut invoquée pour doubler cet écueil dangereux, que comme Forbin faisait recommander son équipage à Sainte-Pompe, lorsque son vaisseau coulait bas.

Ce port du *Quief de Caux* a dû naturellement s'encombrer de galet par le raccourcissement de la Hève, et se perdre entièrement par le creusement de celui du Havre-de-Grâce qui, en absorbant la totalité des eaux dont chaque marée remplissait les nombreuses criques de ce terrain plat et marécageux, priva le port du Chef de Caux, des eaux qui y entretenaient un chenal; le galet, n'éprouvant plus l'effet d'une force répulsive, dût combler ce port qui, après avoir contenu des *gallées*, devint un modeste asile pour des bateaux, et finit par disparaître sous les mers.

Lorsqu'en 1586, les États de Normandie rédigèrent les exceptions à la loi générale, dans la vicomté de Montivilliers, ils tracèrent pas-à-pas le chemin qui tendait d'Harfleur *au Chef de Caux*, et pourtant alors le Havre-de-Grâce commençait à prendre un brillant accroissement, et le port du Chef de Caux n'existait plus, mais il avait été pour le pays un point de haute importance, et la mémoire des habitans, encore pleine de ses vieux

2

ressouvenirs, semblait les effacer à regret. Ce Chef de Caux était comme un ancien ami qu'on ne peut oublier, et la nouvelle ville du Havre comme une jeune connaissance dont les destinées futures sont inconnues. Au reste, les nombreuses fabriques de tuiles, de briques et de caillou taillé, qui entouraient le Chef de Caux, et qui subsistent encore sur notre rivage, le rendaient digne d'être mentionné dans les archives de nos lois.

SAINT-DENIS CHEF DE CAUX, DIT S^te^.-ADRESSE.

La vallée qui environne à l'Est le cap de la Hève, *promontorium caletorum*, contient la très-petite commune de Sainte-Adresse, jadis d'une grande étendue. A travers cette jolie vallée, coule un ruisseau qui faisait tourner le moulin seigneurial avant la prise d'eaux faite à sa source pour alimenter les fontaines du Havre-de-Grâce; lorsque le côté Sud de la Hève se prolongeait jusqu'au port du Chef de Caux, ce ruisseau suivait ce prolongement et s'y déchargeait dans la mer. Au douzième siècle, il est certain que le cap s'étendait jusqu'au banc de l'Eclat, et que l'église paroissiale n'en était pas éloignée. Il s'est écroulé environ sept cens toises de falaise depuis ce tems; j'aurai occasion dans ce mémoire d'en indiquer les causes, pour faire connaître combien tous ces terrains ont dû subir de variations depuis des tems inconnus jusqu'à nos jours.

LA PETITE EURE, DITE LES NEIGES.

Sur le rivage qui se prolonge depuis le Havre-de-Grâce jusqu'à la pointe du Hoc, en dedans de la Seine, sont deux villages nommés la *Grande* et la *Petite Eure.* La première est la paroisse, et celle-ci est un simple hameau dans lequel, en 1789, était une chapelle desservie par un capucin, chargé d'offrir à Notre-Dame-des-Neiges, les vœux des marins.

Plusieurs auteurs se sont sérieusement occupés de l'étymologie de ce nom de Grande et Petite Eure : les uns veulent que ce soit *l'Heure*, à cause de la distance de leur position de l'ancienne ville d'Harfleur. De vieux titres du moyen âge l'appellent *Loderum*, et aucuns n'ont fait attention en lisant les archives historiques de la Normandie et des siéges d'Harfleur, que le vrai nom y était bien indiqué, *ad oram sequanæ.* C'était *ora* ou entrée de la Seine, comme en vieux français on disait l'*orée* d'un bois, l'*orée* d'un temple. Aussi la Grande Eure est-elle plus près de l'embouchure du fleuve, et la petite en Amont.

Cette Petite Eure, qui n'offre plus dans son enceinte que des dégradations, des masses informes de vieille maçonnerie et quelque fermes rurales où l'on n'aperçoit que peu d'individus que dévore la fièvre, fut autrefois une ville populeuse, importante par son commerce, sa marine militaire et ses guerres : mais, ainsi que l'homme, elle éprouva les périodes de la vie humaine; elle eut dans sa jeunesse, ses passions, l'amour de la gloire, la soif des richesses, puis abandonnée dans sa vieillesse, comme l'homme elle termina son existence dans les pratiques de la dévotion.

Les divers noms qu'elle porta, indiquent bien ces diverses transitions. Avant le 12e. siècle, elle fut le port de l'Eure; quand le galet, qui provient des falaises depuis Etretat, eut encombré son port, elle fut le port au Hoc; quand, en 1530, elle fut dépouillée, en faveur du Havre, de son droit d'octroi de pêche, d'ancrage et de sa prévôté, elle fut la Quesnée; et enfin les Neiges, depuis son calvaire et sa chapelle.

Parmi les droits qui se percevaient au profit des moines du Vallace, il en existait un d'octroi qui mérite d'être cité comme un monument curieux digne de figurer dans les ridicules vexations de ces tems féodaux : « Chaque marchand » verrier arrivant au port de l'Eure, était obligé » de donner au prévost le plus grand de ses verres; » on le remplissait de vin qu'il fallait que le mar- » chand vidât tout d'une haleine; s'il y manquait, » on le forçait de donner un second verre. »

On se doute bien que le vin que donnait le prévost, n'était pas le meilleur de sa cave, et qu'en homme fiscal, il en rendait le déboire si insupportable, que le pauvre marchand, dès la première gorgée, se résignait au vol d'un second verre, plutôt que de s'exposer à des résultats plus fâcheux.

Cette ville de l'Eure, à en juger par une suite de criques ou anciens fossés qui l'entourent, dût être d'une certaine étendue. A son couchant, était le château avec des fossés larges et profonds, défendus par une vaste contrescarpe; et du côté de la rivière, par une muraille flanquée de plusieurs tours, de cinq desquelles on voit les restes. La mer, maintenant éloignée par une grande prairie, battait le pied de ces tours.

A l'Ouest de cette forteresse, il existait une large crique ou fosse qui communiquait de la mer au fond d'une large baie ouverte à l'Est, dont le château de Graville et le port de l'Eure formaient les deux cornes fortifiées : c'est à la faveur seule de cette crique que le port de l'Eure dut une longue suite de siècles d'existence. Chaque année, d'après les calculs du savant Lamblardie, le flux apporte mille toises cubes de cailloux roulés ou galet, et deux mille toises cubes de sable qui prolonge dans l'Est une lisière de rivage dont l'extrémité se recourbe et forme ce qu'on appelle le *Hoc* qui, en saxon, signifie un crochet. Ce Hoc, en s'avançant chaque année en Amont de la Seine, eut bientôt comblé l'entrée du port de l'Eure, si, rencontrant l'embouchure de cette large crique, le galet ne s'y fût engouffré, et ce ne fut qu'après avoir comblé en partie la baie de Graville et cette crique, que, reprenant son cours naturel, il boucha le port de l'Eure qui ne fut plus, au 15e. siècle, que le port au Hoc.

L'existence de cette crique qui, en arrêtant la marche du galet, rendait ce port commode et profond, ne pouvait le défendre contre l'afflux des vases entraînées par le courant de la Seine; aussi fut-il construit une très-longue digue, à l'Est du port, dont on voit la trace sur le plan dressé en 1705, de l'état où se trouvait la Petite Eure, ce qui démontre formellement qu'on n'avait point à redouter l'invasion du galet venant de l'Ouest, mais seulement celle des dépôts terreux de la Seine et de la rivière de la Lézarde; la trace de cette digue, portée sur le plan, à la longueur, peut-être exagérée, de sept cens toises, s'aperçoit encore dans la prairie.

Sur l'emplacement du fort était la chapelle de Notre-Dame-des-Neiges, qui avait été construite sur les débris d'une église plus considérable.

Au centre de cette chapelle était une grande pierre tumulaire et linéaire, portant sur la moitié une figure d'homme, sur la lisière était écrit, *Praons por li.* En 1790, avec la permission de l'acquéreur de ce bien devenu national, je fis lever cette pierre sous laquelle il ne se trouva point de corps, mais une grande quantité de fragmens de tombeaux, et à environ quatre à cinq pieds de profondeur, quelques morceaux de pavés de terre cuite, rouges et coloriés de noir, qui me parurent antiques : quelques habitans présens me dirent qu'il existait des voûtes sous ce lieu ; je ne me permis point de faire fouiller plus avant par des ouvriers que je ne payais pas, et en l'absence du propriétaire. Je ne doute pas quc ce lieu ne recelle des objets curieux qui pourraient donner lieu à des conjectures sur le tems de la fondation de l'Eure.

Sur un exemplaire d'un livre imprimé au Havre, en 1676, et dont un sieur Delamotte est auteur, étaient des notes manuscrites qui portaient qu'on avait tiré de ce lieu quatorze tombeaux de pierre, qui furent donnés aux habitans pour faire des auges.

En observant que les vieilles tours de l'Eure et les blocs de maçonnerie épars de tous côtés n'offraient que des masses composées de cailloux roulés, liés par un mortier très-dur, des auteurs de manuscrits que j'ai sous les yeux, en ont conclu que ces fortifications étaient modernes et élevées à la hâte, parce qu'elles ne portaient pas le caractère durable que les anciens imprimaient à leurs monumens.

A la vérité ce qu'on aperçoit de ces ruines n'offre que des cailloux de mer, liés par du mortier; mais comment supposer que des tours et des remparts n'eussent pas été revêtus de pierres taillées et polies ? Autrement ces ouvrages auraient-ils pu résister si long-tems à l'action de l'air et aux efforts des vagues qui les attaquaient sans cesse? De quelle défense auraient-ils pu être contre des assaillans qui eussent pu, en arrachant ces cailloux ronds et peu liés entr'eux, se former des points d'appui pour parvenir au haut de ces murailles? Ainsi, soit antique ou moderne, il est plus que probable que les pierres de parement en ont été enlevées, lors de la destruction des fortifications de l'Eure et d'Harfleur, qui, en 1626, furent abattues à cause de l'inutilité de ces ports et du danger de procurer des asiles fortifiés aux huguenots, sur lesquels Charles IX avait repris le Havre.

La position militaire de l'Eure fut prise, en 1415, par Henri V, roi d'Angleterre, lorsqu'après avoir débarqué son armée aux Chef de Caux, il vint assiéger la ville d'Harfleur par terre. Il fit passer ses 1,500 vaisseaux dans la baie de Graville, et, protégés par les deux forteresses, ils se trouvaient en face de l'entrée du port d'Harfleur, et empêchaient les secours d'y entrer.

« *Classis in pelago coràm villa constructa ut villanis omne præsidium victualium præcluderet et solatia quævis arceret.* »

Dans un manuscrit, curieux pour les détails, il est dit qu'on a trouvé en divers endroits des cuirasses et des piques, avec beaucoup d'ossemens humains; mais il ne parle pas de médailles.

Au 14e. siècle, lorsque Philippe de Valois arma

une flotte de 200 vaisseaux, sous le commandement des amiraux Quieret, Behuchet et Barbevere, le contingent qui fut fourni par le port de l'Eure, fut de 32, c'est-à-dire qu'il en arma plus que Dieppe et qu'aucun port notable de la Normandie. Les amiraux auxquels le Roi avait donné l'ordre de ne pas laisser débarquer les anglais en Flandre, parce que si la chose avait lieu, *il les ferait de male mort mourir*, choisirent dix hommes *les plus souffisans* de l'Eure, pour les aider et les conseiller; ce qui prouve tout le cas que l'on faisait alors de l'expérience de ses marins. Au reste, que purent-ils faire? Les chefs étaient, comme il n'arrive que trop souvent, jaloux et divisés entr'eux. Comment, d'ailleurs, manœuvrer une escadre dont les vaisseaux de l'arrière-garde, dit Froissart, portaient une infinité de comtesses, baronnesses, chevaleresses et bourgeoises, qui allaient à Gand saluer la Reine d'Angleterre, et où il y avait jusqu'à des ménestrels? Elle fut déconfite devant l'écluse, par la bonne manœuvre du roi Edouard, et la défection des Flamands. Le Roi fut blessé et un de nos amiraux fut tué et pendu au mât du vaisseau d'Edouard, pour se venger des ravages qu'il avait commis dans ses Etats : nous perdîmes 20,000 hommes et 90 vaisseaux furent pris ou coulés.

Si, au milieu de ces affreux événemens, on remarque de grands traits de courage et de beaux faits d'armes, combien ils ennoblissent le malheur des vaincus et déversent sur les seuls chefs ignorans ou perfides, toute la honte de la défaite!

Alors si tout est perdu, l'honneur ne l'est pas, et le français est consolé.

Pendant l'horreur du combat, que l'abbé de Véli dit avoir été le plus terrible qu'on eût jamais vu sur mer depuis le commencement de la monarchie, un Guillaume de Grosménil, qui montait un vaisseau dont il était le seigneur, c'est-à-dire l'armateur, commandé par un sieur de la Riche, et faisant partie du contingent de l'Eure, prît à l'abordage un vaisseau anglais monté de chevaliers et d'écuyers. L'attaque et la défense durent être brillantes : mais, encore une fois, que peut le seul courage quand de tels amiraux ne savent ni le diriger ni en profiter ?

Que dire de plus de cette ville de l'Eure, de son antiquité, de ses diverses bonnes et mauvaises fortunes qu'elle a éprouvées, quand le brouillard le plus épais couvre ses ruines et ne laisse apercevoir à l'œil lassé de l'observateur, que des chimères que l'imagination peut embellir, mais qui ne sont, comme dit Shakespear, que l'édifice sans base d'une vision.

Un antiquaire tel que celui de Walter Scott, qui apercevait un camp romain et son *pretorium*, dans un repaire de mandians, eût sans doute découvert dans une motte isolée, nommée de tems immorial *la butte aux Sarasins*, le lieu de l'entrevue du roi Lothaire avec le duc Richard, après le traité de paix qu'ils signèrent et qui fut suivi de la conversion de ces normands. Il eût observé que les musulmans étaient souvent nommés païens dans ces tems de peu d'instruction, et qu'en général on donnait le nom de *Sarasins* à ceux qui n'étaient pas chrétiens; il n'eût pas manqué d'appuyer cette découverte d'une citation du moine de Jumiége, dans son histoire des Normands.

« *Imminente vero die prefiniti colloquii dux apud Giraldi fossam, in paganorum castris scœnam miræ magnitudinis construi jussit in qua rex* Lotharius, *cum suis optimatibus divertens illi satisfecit, etc.* »

Cette fosse de *Giraldi* était cette grande baie d'entre Graville et l'Eure. Le camp des deux princes devait être dans les prairies, au fond de la baie. Une butte isolée semble plutôt y avoir été formée pour une cérémonie royale, que comme point de défense; ainsi la conclusion eût été parfaite. Que de faits historiques encore plus mal prouvés, sont livrés à la postérité, et accueillis par une longue possession, comme faits incontestables !

Au 11ᵉ. siècle, il existait au-dessous de l'Eure, des salines, mais au 14ᵉ. siècle ces établissemens furent détruits par les oppressions de la fiscalité.

HARFLEUR.

A l'entrée de la vallée où coule la Lézarde, est

la ville d'Harfleur, ville ancienne qui laisse à la postérité, des souvenirs historiques qui se lient à l'histoire de France, et n'en sont pas la partie la moins honorable.

Avec quel plaisir ne se rappelle-t-on pas, en effet, la noble défense de 400 hommes d'armes contre 30,000 anglais commandés par leur Roi, et qui ne rendirent la ville qu'après trente jours de siége! Et de la reprise de cette ville par 10,000 français, sur une garnison de 1,600 hommes d'armes, qui ne tinrent que dix-sept jours! De ces 104 généreux habitans qui se dévouèrent en 1435, et reprirent leur ville, dont 400 anglais seulement s'échappèrent; l'intrépide Grouchi, surnommé le père des Cauchois, Montreuil, Bellai, et 40 braves y perdirent la vie : 104 coups de cloche rappelaient chaque jour, au lever du soleil, le dévouement de ces 104 citoyens!

On voit encore dans quelques rues d'Harfleur, des globes de pierre un peu applatis, dont quelques-uns ont jusqu'à vingt-huit pouces de diamètre, et servent de bornes; ce sont les projectiles lancés par Henri V, lors du siége de cette ville, et dont l'effet hâta sa reddition. Telle est la description des ravages qu'ils occasionnèrent, rapportée par l'historien anglais Walsingham, dans l'*Ypodigma Neustriæ*.

« *Domini gallici qui fuere custodes ipsius villæ* D. de Gacourt, D. de Estuteville, D. de Hakville, et D. de Clere, *non ferentes crebras, quassationes murorum et ædificiorum infrà villam aliæ que pericula perpessa* per gunnas regias nam ab ipsis evolantia saxa ingentis verberis ictu *obvia fregere quæquæ ruentes nec tantùm corpora pressa necabant sed totas cum sanguine dissipant artus, etc., etc.* »

L'église fut bâtie pendant le séjour des anglais dans cette ville, et comme monument de la victoire d'Azincour. Elle devait être beaucoup plus grande qu'elle ne l'est actuellement, et paraissait disproportionnée avec la population que pouvait contenir Harfleur. Cette église n'avait point été terminée, mais elle était remarquable dans la partie qui en reste, par le fini et la beauté des culs-de-lampe suspendus aux clefs des arceaux. La misère et l'état de dégradation dans lequel le comblement du port avait réduit cette ville, ne permettaient pas même de la réparer, et sans l'active vigilance de M. le préfet, pour la conservation des monumens anciens, le superbe clocher qui menaçait ruine, n'existerait plus.

Parlerai-je d'une cérémonie bisarre, sur l'origine de laquelle on a basé des contes si incohérens, qu'il est plus simple de convenir qu'elle est inconnue?

Le jour du Mardi-Gras, une troupe de gens déguisés et masqués, part d'Harfleur en cavalcade et tambour battant, pour se rendre au Havre : on en ferme les portes, et la garde, un officier en tête, vient reconnaître. Au *qui vive?* on répond : *Folies d'Harfleur.* A l'instant les portes sont ouvertes, et, au milieu d'une foule immense, la folie se transporte chez le commandant de la place, chez le maire et les magistrats, auxquels on fait baiser une grande scie, portée solennellement par deux masques, ainsi qu'une espèce de sceptre orné de rubans, et qu'on appelle *le bâton friseux.* On chante ensuite, sur un air langoureux une longue chanson qui ne brille pas par les beautés poétiques. Jadis cette chanson, chantée en style antique, était plus intéressante, mais de beaux esprits de l'endroit ont rougi d'un patois qu'ils ne comprenaient guère, et ont cru devoir le recomposer en langage intelligible, auquel ils n'ont pu atteindre.

Cette scie, jusqu'à présent, est un mystère. A-t-il en effet existé un bon gouverneur d'Harfleur, dont les armoiries portaient l'instrument inventé par Dédale? Est-ce pour rappeler les vertus de cet homme bienfaisant, ou pour donner une leçon à ceux qui abusent de leur pouvoir, que la folie porte en triomphe cette vénérable pièce de ses armoiries? On m'assure qu'en ce moment un homme très-fécond et très-versé dans la connaissance des nobles familles de la contrée, doit nous donner le mot de l'énigme; je le désire.

Vers les 14e. et 15e. siècles, nos bons aïeux, moins distraits que nous de leurs soins domestiques par cette multiplicité de plaisirs que l'on nous livre jusqu'à satiété, s'abandonnaient avec délices à ceux que leur offraient des époques de l'année qui ramenaient des processions solennelles ou les plaisirs bruyans du carnaval. On s'y préparait avec enthousiasme, et suivant le genre de spectacle, on portait la dévotion jusqu'au fanatisme, ou la gaîté jusqu'à la folie. Les villes, les villages cherchaient à se surpasser par la magnificence et la singularité de ces fêtes; on se transportait de ville en ville et de village en village, pour y montrer des *farces et joyeusetés* : il est probable que la cérémonie de la scie n'est qu'une suite de ces anciennes habitudes.

Dans plusieurs villages, à certains jours de l'année, les jeunes gens, parés de rubans et entourés de grelots, vont encore chez les cultivateurs des villages circonvoisins, danser, ce qu'ils appellent des *gambières*, avec des sauts et des bonds dont le bruit intéresse beaucoup les enfans et même les grands pères. On donne en échange de ces plaisirs, des fruits et des œufs. Tels étaient il n'y a pas encore long-tems, les plaisirs naïfs et champêtres des Cauchois; j'ignore s'ils se sont perpétués depuis la régénération qui a rendu les français tellement graves, que la franche gaîté de nos aïeux semble un problême qu'ils rougiraient de résoudre.

Le bâton friseux, qui ne paraît jouer qu'un rôle secondaire dans le triomphe de la scie, devrait être l'objet d'un culte plus honorable, si on considère le but utile dont il fut pour le maintien de l'ordre, de la morale publique et de la paix domestique; mais la folie qui brouille tout dans ce monde, s'arroge les places, les honneurs et les dignités. Le sage se tient à distance; le sentiment intime d'avoir mérité la préférence, le fait sourire de la morgue des sots qui prennent le pas sur lui.

Tel était l'usage du bâton merveilleux : Lorsque dans un ménage, un mari brutal ou peut-être poussé à bout, se permettait de corriger sa femme manuellement, on portait chez lui en pompe ce *bâton friseux*, on le déposait dans la maison du coupable. Il était, dit-on, obligé de le conserver avec respect jusqu'à ce qu'un autre époux, pour les mêmes causes, méritât d'en être dépositaire à son tour. Il est probable, qu'intéressé à s'en débarasser pour se soustraire aux plaisanteries de ses concitoyens, il ne tardait guère à se trouver un successeur. Cette punition morale rappelait ce vieux respect pour un sexe que les preux juraient de défendre contre ses oppresseurs, et faisait en même tems l'éloge de l'obéissance passive des maris, qui ne cherchaient point chicane sur la légitimité d'un usage qui les exposait à un petit désagrément public, parce qu'ils sentaient qu'ils l'avaient mérité par l'abus de leurs forces. Dans nos mœurs, où les raisonneurs du peuple ne voient qu'injustice et vexation dans ce qui humilie leur orgueil et tend à réprimer leur tyrannie domestique, comment recevraient-ils le bâton friseux?

Cette ville d'Harfleur est-elle de fondation gauloise, romaine, saxonne ou normande? Quelles que soient les observations que je vais soumettre à la sagacité des archéologues, je doute qu'elles soient concluantes, parce qu'elles n'offriront que des preuves négatives; quand il n'y existe aucuns monumens antiques; quand ses chartes et jusqu'aux titres héréditaux de ses habitans ont été livrés aux flammes par le féroce Henri V, de celui qui donna l'ordre d'égorger les prisonniers d'Azincourt; et quand enfin on n'a que des récits d'historiens qui ne méritent pas toujours une grande confiance, il serait bien téméraire d'affirmer à quelle époque on doit porter sa fondation.

Plusieurs auteurs et annotateurs ont prétendu qu'Harfleur était l'ancienne ville gauloise de Callet, dont la démolition fut ordonnée par Jules-César, à cause d'une trop longue résistance, et dont avec les débris on fit la chaussée qui conduisait par Saint-Romain à Lillebonne. Il existait, dit un de ces auteurs, à Harfleur, la porte Caletinani, c'était celle du côté du vieux port de la Petite Eure. *Ainsi c'est*, dit-il, *une fiction d'esprit*, *que de placer Callet ailleurs qu'à Harfleur*, *comme à Lillebonne.* Combien peu l'on doit se fier aux recherches de ces prétendus historiens qui, du ton sceptique dont ils débitent leurs allégations mensongères, imposent aux lecteurs l'obligation de les croire, parce qu'on ne doit les supposer que le résultat de leurs pénibles recherches. Si ces auteurs eussent compulsé les historiens de la Normandie, ils se fussent convaincus d'une manière authentique que Lillebonne était Callet.

Orderic-Vital, auteur du 12e. siècle, très croyable quand il n'a pas à raconter des merveilles monacales, après avoir cité les 47 articles du concile de Lillebonne, tenu en l'an 1091, sous Guillaume II, duc de Normandie, ajoute :

« *Hæc synodus in vico regali secus sequanam celebrata est ubi antiqua urbs fuit quæ* Caletus *ab incolis dicta est in quà circum jacens pagus à mari usque ad talaucium* Calcegius *usque hodie appellatus est, etc., etc.* »

Voyons si par l'étymologie de son nom, nous pourrons mieux fixer l'origine de cette ville d'Harfleur.

Un auteur inédit prétend que son nom le plus ancien était *Arfleu*, que ce nom est celui que lui donnent d'anciens titres, et qu'il était inscrit sur les portiques de pierres de la ville. Ce nom, dit cet auteur, vient du latin *Aræ fluctus*, parce qu'on y sacrifiait à l'abord des flots (aux Dieux marins sans doute), et que la position de l'église l'indique, etc. Je supprime un tas de rapsodies, telle que la découverte d'un vieux plan du dieu Pan, trouvé dans une huche de l'hôtel-de-ville, et d'autres antiquités qu'il confond avec celles de Lillebonne.

Je crois qu'il est inutile de chercher bien loin cette étymologie : le nom de cette ville, dans les anciens titres les plus antiques, est *Herefletum*, nom conservé dans le vieux langage des paysans circonvoisins, qui la nomme *Herflu.* Ce nom est tout saxon, comme ceux d'une grande partie des communes du pays de Caux (*e*), et ne peut convenir qu'à un port de mer : c'est *Here fleot*, *Altus Fluxus*, comme *Deap*, profondeur, a été donné à celui de Dieppe; et de Dieppedale, à une vallée profonde, en saxon *Dale.*

Au reste, point de monumens antiques dans Harfleur, seulement des monnaies du 11e. au 12e. siècle. Tout ce que l'on peut supposer, c'est que les saxons ou sennes, comme on les nommait dans le pays, auront fortifié l'entrée de la Lézarde, et y auront fait un port pour la sûreté de leurs embarcations, afin d'éviter les surprises, et pour fondre à l'improviste sur les terres gauloises dont on expulsait les romains.

Si cette ville n'était que saxonne, ce n'était point, comme des savans l'ont avancé, l'antique *Carocotinum* de l'itinéraire d'Antonin, que nous trouvons à une demi-lieue de là.

GRAVILLE. — CAROCOTINUM.

Graville, en latin *Giraldi* ou *Guieraldi*, comme le portent les rôles de l'arrière ban du baillage de Caux, en 1272, est une commune dont l'église, dédiée à Sainte-Honorine, est située à mi-côte, sur une terrasse fort élevée qui domine tout le plat pays, et forme un des plus beaux points de vue que l'on puisse désirer. Au pied de la côte, est la place ou butte sur laquelle était un château très-fort, entouré de tours et d'un fossé large et profond, dans lequel coule un ruisseau qui s'échappe de la côte. Vers le milieu du siècle dernier, existaient encore les restes d'un donjon et des tours qui furent achevées de démolir pour former avec les déblais la route du Havre à Rouen; l'emplacement de ce château est d'environ 200 pieds de longueur, sur 160 de largeur.

Sur la terrasse, prés et contigus à l'église, sont les bâtimens d'un monastère habité jadis par d'heureux enfans de Sainte-Geneviève qui, au nombre de cinq ou six, n'interrompaient leur délicieuse indolence, que pour le service obligé de la paroisse.

L'édifice de ce prieuré, que l'on nommait l'abbaye, est ancien et grand; les immenses celliers sur lesquels est bâtie la maison monacale, sont voûtés avec des arceaux vastes et curieux, ils paraissent être du 11e. siècle. Je passerai rapidement sur des descriptions et des détails qui ne seraient pas sans intérêt, mais qui m'écarteraient du but que je me propose, de démontrer que ce lieu de Graville est vraiment le *Carocotinum* désigné dans l'itinéraire d'Antonin.

M. l'abbé du Balley, dans le tome XIX des *Mémoires de l'Académie*, a cru devoir le placer à Harfleur, et d'Anville, l'entrevoir à Graville, parce que, dans la carte du diocèse de Rouen, et dans celle de la Normandie, par Delille, le fort ou château était désigné sous le nom de *Cretin*.

Toute ville romaine se dévoile par des monumens que ces maîtres du monde répandaient avec profusion dans les lieux qu'ils habitaient; des savans qui ne connaissaient pas ceux de Lillebonne ni de Grainville-l'Allouette, disputaient sur la position de *Julio-Bona*, et sur celle de *Gravinum*, mais ils n'ont plus hésité depuis la découverte des monumens antiques dans ces deux positions. Un cirque, des bronzes, une statue de Dionisius, semblent avoir révélé le culte antique de Bacchus (1), dans Lillebonne, auquel a succédé celui de *Sanctus Dionisius*, sous l'invocation duquel cette ville adresse des vœux à Dieu. Des urnes sépulchrales ont indiqué *Gravinum*, et ont en quelque sorte jalonné la route de *Julio-Bona* à *Gessoriacum*.

Si nous trouvons à Graville des monumens

---

(1) On trouvera étonnant que dans un pays qui ne produit point de vin, on ait adopté le culte de Bacchus; il a été découvert à Lyon une statue de ce Dieu, portant d'une main un oiseau nommé *Iynx;* de l'autre une branche de pommier chargée de fruit. Voir le savant auteur bénédictin, dans l'explication de divers monumens singuliers qui ont rapport à la religion de plus anciens peuples; *page* 62.

antiques; si, dans les lieux circonvoisins, nous trouvons des noms corrélatifs à celui de *Carocotinum*, pourra-t-on croire encore que Harfleur, où jusqu'à présent il ne s'est rien découvert d'antique, dont le nom est saxon, et qui n'est point l'ancien Callet, puisse encore offrir des probabilités qu'il ait été ce *Carocotinum?*

Le château de Graville se nommait donc dans le moyen âge *Cretin* : de *Carocotinum* on aura formé *Cratinum*, qui se retrouve dans ce nom.

Un château, un manoir seigneurial ou fief noble, dont les noms se communiquent à la postérité sans éprouver beaucoup de variations, parce qu'il serait dangereux, comme dans les noms de famille, de ne plus offrir d'identité, doivent concourir à corroborer les preuves.

Or, sur la côte de Graville, presqu'au-dessus de l'église, sont deux fermes dépendantes de l'ancien fief royal de Gueldres, nommées le *Grand* et le *Petit Cocrauville*. Le grand est un arrière fief dont le nom, sauf peut-être quelque changement d'orthographe, tel que *Coquereaville*, n'en porte pas moins la plus forte analogie avec *Carocotinum*.

Ce nom n'a de romain que la terminaison, il était donc gaulois; peut-être le *Cur* des asiatiques, le *Ker* des celtes, le *Caer* des gallois et des écossais, se trouve-t-il au commencement du nom de cette ville. On pourrait encore conjecturer qu'elle portait un culte particulier au Dieu gaulois *Caeraunus*, et que depuis l'établissement du christianisme qui voulait détruire les opinions anciennes et tous les emblêmes qui pouvaient en rappeler les superstitions; peut-être, dis-je, le zèle toujours exagéré des novateurs, s'étendit-il jusque sur le nom des villes qui en portaient de profanes, pour leur en substituer de saints ou d'hommes puissans, que l'on craignait ou que l'on voulait flatter. Tel nous avons vu dans la révolution, changer des noms anciens parce qu'ils étaient féodaux, pour y substituer ceux des plus farouches républicains de Rome, ou celui des méchans qui agitaient la France.

Ainsi *Carocotinum* perdit peut-être son nom, et ne porta plus que celui de *Girard* : il paraîtrait même que depuis quelques siècles, cette ville avait été réduite à une nullité complette, puisqu'elle n'est point mentionnée dans l'itinéraire de Théodose qui fut dressé en l'an 393, et qu'elle l'est dans celui d'Antonin, bien antérieur.

En l'an 303, fut trouvé sur le rivage de Geradville, le corps d'une Sainte-Honorine, vierge et martyre; on ne connaît ni sa personne, ni sa qualité, ni le genre de mort qu'elle souffrit, ni le lieu de sa naissance; mais sa sainteté est néanmoins reconnue, puisqu'elle est patronne de Graville, et qu'on en célèbre la fête le 17 de février.

Ce corps trouvé sur le rivage, fut sans doute inhumé dans le cimetière public; le zèle des premiers chrétiens, heureux de posséder ce corps sacré, qui sans doute opérait des miracles et attirait un grand concours de dévots étrangers, fit élever sur le sarcophage de la Sainte, une chapelle à laquelle, dans la suite, on ajouta une nef et une autre aîle.

C'est dans cette première chapelle, du côté de l'évangile, vers la côte, que se voit ce tombeau qui est entièrement engagé dans le mur; au-dessus est une ouverture ronde dans laquelle les pélerins passaient la tête pour se guérir de la surdité; on y entendait, dit-on, un bruissement pareil à celui qu'on éprouve en applicant l'oreille à une conque turbinée. Un curé philosophe chrétien, et très-désintéressé, a fait murer le trou merveilleux, qui n'était plus qu'une honteuse superstition, puisque depuis l'an 898, sous le règne de Charles-le-Simple, la Sainte avait été transférée à Conflans-sur-Oise, pour éviter les profanations des Normands.

La forme de ce tombeau, ce trou sur-tout, n'auraient-ils pas quelqu'analogie avec un monument druidique, ou pierre élevée que l'on voit dans un bois près le village de Trie, dans le département de l'Eure, et qui porte sur la pierre du milieu, un trou de forme ronde. Ce monument gaulois est sans doute un tombeau; était-on assez détaché, au 4e. siècle, des habitudes de ses pères, pour ne pas employer, sur-tout dans les funérailles, quelques-unes de leurs anciennes formes religieuses qui ne tiraient point trop à conséquence sous le nouveau culte? Si l'on peut observer sur d'autres tombeaux celtiques ou gaulois, cette forme singulière, la remarque ne serait pas à rejeter (1).

Les chrétiens ne brûlaient point les corps, comme le faisaient les gaulois et les romains; ainsi les urnes sépulchrales qui contiennent des os brûlés et des cendres, sont nécessairement gauloises ou romaines.

Comme je l'ai déjà dit, le corps de la vierge Honorine dut être déposé dans le cimetière public, c'est donc où sont placés ce tombeau et l'église, qu'était ce cimetière.

En effet, il a été découvert dans ce lieu même des urnes sépulchrales qui recelaient des os et des cendres.

En 1756, on eut occasion d'ouvrir une fosse dans le bas côté de l'église, celui opposé à la chapelle de la sainte, pour y déposer le corps d'un

---

(1) Un tombeau découvert en 1770 dans des fouilles à l'Abaye de St.-Lomer de Blois, a également un trou en forme de four, par où la main pouvait passer. *Voyez* la religion des gaulois par Don........., bénédictin, tome 2, *page* 264.

Ces trous étaient sans doute pratiqués pour des offrandes aux mânes.

des religieux du monastère ; le fossoyeur trouva, en la creusant, un vase de terre cuite qu'il mit en pièces d'un coup de pioche ; mais un des chanoines qui, par hasard était présent, en fit voir les débris à M. Dubocage de Bléville, qui reconnut que ce vase par sa forme n'était pas différent de ceux qu'il avait trouvés à Grainville-Lalouet ; que les morceaux en étaient plus épais et n'en différaient que parce qu'ils étaient vernissés à l'intérieur d'un émail vert ; que ce vase avait contenu des cendres, du charbon et quelques os, que le chanoine avait reconnus pour être des vertèbres du col humain.

Un autre chanoine dit à M. de Bléville que, 7 à 8 ans auparavant, en enterrant un de ses confrères dans la même chapelle, on y avait découvert de pareils vases, et qu'il en était ainsi toutes les fois qu'on ouvrait la terre.

Il est possible et même probable que, lorsqu'on aura bâti une chapelle sur le tombeau de la sainte, on aura pu enlever de ce lieu sanctifié tous les monumens qui recelaient des débris de corps payens qui l'eussent profané ; qu'on les aura mis dans une autre partie du cimetière, où depuis furent bâties la nef et la chapelle du côté de l'épitre, et que ce pourrait être la cause pour laquelle on n'en trouve point dans les autres parties de l'église.

Il serait à désirer que des recherches fussent faites dans de vastes cavités qui se remarquent dans la côte près du cimetière. Sont-ce des carrières? La pierre n'est pas, m'a-t-on dit, celle dont on a bâti l'église. Serait-ce une voûte souterraine, qu'un préjugé du pays dit conduire jusqu'aux ruines d'un ancien château qui était dans la plaine de Frileuse, à environ une demi-lieue de Graville? Serait-ce enfin des hypogées ou catacombes? Jusqu'à présent il ne s'est trouvé personne qui ait cherché à établir et à résoudre ces questions. Les religieux, plus curieux de tonneaux que d'urnes, n'ont vu dans ces excavations que d'excellentes caves toutes faites; par qui et pour quel usage, peu leur importait, le vin s'y maintenait frais.

D'aimables artistes voyageurs qui rendent d'une manière intéressante les objets curieux et antiques de la Normandie, lorsqu'ils ne les voient pas trop légèrement, ont parlé avec délices de Graville, de son église, des chapiteaux, de ses colonnes et de sa croix, mais surtout d'un Jupiter tonnant que leurs savans crayons ont décrit avec tant d'enthousiasme. Combien il me doit être pénible de détrôner le maître des dieux et des hommes, de lui arracher des mains son tonnerre si redoutable, de me priver d'un morceau inappréciable de haute antiquité, qui eût suffi seul pour la preuve de celle de Graville, et de réduire ce dieu au vil état de berger! Ainsi, Apollon chassé du ciel devient gardeur de moutons en Egypte; mais je veux rendre son sort plus honorable en l'offrant comme emblême d'un dieu plein de mansuétude, qui, après avoir trouvé une brebis égarée, la rapporte au bercail sur ses épaules, enfin un bon pasteur, ancien, à la vérité, et aussi gothiquement mal sculpté qu'il soit possible. Je dois cependant ne pas dissimuler que M. ********** de l'académie des sciences, qui, sur mon invitation fut voir le dieu, en fit un St.-Christophe. Il est donc reconnu qu'il ne fut jamais payen, mais de race chrétienne; la question ne consiste plus qu'à déterminer si l'individu qu'il porte autour du col, est une brebis ou un enfant. J'apperçois la tête et les pieds d'un animal, l'académicien y voit un enfant: un iconolastre catholique résoudra la question.

On voit à la gauche du portail de l'église, sous les ruines d'une vieille tour qui fut un clocher, une petite salle humide où se tenait l'école du village. Elle a 15 pieds de profondeur sur 9 de largeur vers le bas; elle est à voûte surbaissée avec ogives; au fond, du côté de l'Est, est un rond point avec une niche de toute la hauteur de la salle. Sans un trou délabré, qui se trouve à droite dans le mur, et qui pourrait avoir été une crédence pour le service de la messe, on pourrait croire que c'était un petit temple antique.

Le mur extérieur, au Nord de l'église, qui en est la partie la plus ancienne, à cause du tombeau, offre des objets qui méritent l'attention des antiquaires: les modillons qui supportent le toît sont des têtes d'animaux; et le pignon d'un bâtiment qui semble être une chapelle saillante de l'église, et dont la construction est en petites pierres carrées, porte sur le cordon horisontal, au-dessous du toit, des figures sculptées sur chaque pierre; mais tellement incohérentes qu'elles paraissent être les débris rapportés de quelqu'autre édifice. Sur les unes ce sont des dessins réticulaires, des nœuds; sur d'autres des béliers, des sagittaires et autres signes du zodiaque. Je ne fais ces observations que pour donner lieu à celles plus précises et plus savantes des hommes de l'art, qui les rendront extrêmement intéressantes.

Ainsi l'on voit que Graville porte tous les caractères d'une haute antiquité; ses urnes cinéraires prouvent que son existence précédait l'ère du christianisme; ses noms, au moyen âge, qu'elle était le *Carocotinum* de l'itinéraire d'Antonin. Il y a été trouvé des médailles d'or et d'argent lors du travail de la route du Havre à Rouen; mais la cupidité les a soustraites à la féodalité qui les eût réclamées comme trésor trouvé.

« Il appartient à la dignité au duc que il ait le
» thrésor trouvé enfouy; et ce il est nyé ne celé, il
» en peut enquerre la vérité par hommes créables,
» par chevaliers et par autres hommes loyaux ».

L'article 602 de la coutume de Normandie est calqué sur ce vieux texte, consigné dans un ancien manuscrit qui est en ma possession.

J'ai dit précédemment qu'il existait autrefois une vaste baie, dont le château de Cretin ou de Graville et l'Eure, formaient les deux cornes et les défenses ; on appelait anciennement cette baie *Fossa Gueraldi.* Sa position heureuse à l'embouchure d'une grande rivière, d'autant plus navigable que le détroit de Calais était moins large et moins profond, et retenait par conséquent un plus grand volume d'eau dans les rivières, devait attirer toutes les nations commerçantes, tyriens, carthaginois, romains, saxons, et surtout les habitans d'Albion. Les tyriens y apportaient les richesses de l'Orient ; ils y firent adopter par les gaulois et leurs druides, le culte des dieux de l'Asie, de Theut ou Thot (*f*), qu'ils nommaient Theutatès, dieu du commerce et des sciences ; ceux de Mythra, d'Abellion, de Baal, Enoch ou Belenus, le dieu soleil, dont les lettres grecques numériques forment le nombre de 365 ; enfin celui de la déesse Isis ou la Vierge, nom de la terre qui enfantait les richesses du printemps, *Virgini pariturve*, inscription du temple souterrain des druides à Chartres. Dans l'armorique, les dolmens, pierres élevées ou tombeaux asiatiques, et jusqu'au langage, tout, je le répète, annonçait qu'ils avaient des comptoirs *Emporia*, jusque dans la Manche, ainsi que dans tous les lieux favorables à leur trafic ; et certes l'embouchure de la Seine, *ora sequanæ*, ne devait pas être un des moindres.

Les romains y trafiquaient de pelleteries, de grains, de bois et de viandes fumées et salées, *suilia salsalia*, si recherchées à Rome ; les saxons venaient y prendre des marchandises du Midi ; et sous les Mérovingiens ils apportèrent la guerre et la dévastation, et s'établirent sur toutes les côtes de la Neustrie, notamment à l'entrée des rivières navigables.

Après les saxons, les normands vinrent mouiller leurs flottes dans la baie de Graville, aux années 807, 8 et 9, et en l'an 842, appelés par Lothaire, fils de Louis-le-Débonnaire, pour faire une diversion en sa faveur, contre ses frères, Louis, roi de Bavière, et Charles-le-Chauve.

« *Deindè, sublatis anchoris, repetunt mare et velificante classa ad ora devehuntur sequanæ.* » — G^{lme}., de Jumiége.

« *Atque eo præeunte sulcantes remigiis, alveum sequanæ ad* Giroldi fossam *devehuntur expedite ibi q. fixis anchoribus de subversione consulunt franciæ.* » — Duchencus ante Rollonem.

En l'an 855, les normands, après avoir été battus sur la Loire, revinrent au mois d'août ravager les bords de la Seine, et ils hivernèrent à Graville.

« *Et mediante augusto, sequanam ingrediuntur et vastatis direptis q. ex utra, q. parte fluminis civitatibus at q. villis locum qui dicitur* fossa Guiraldi sequanæ congruum stationi, q. munitum deligunt *ubi hiemem quiete transigunt.* » — Scriptores Normaniæ histor. veteres, A°. 855.

Mais ce vaste port de l'Eure, cette fosse de Graville, si riches en commerce, en vaisseaux, en population, éprouvèrent le sort des ports situés à l'embouchure des rivières. Que pourrait toute l'industrie humaine contre cette marche lente, constante et imperturbable de la nature qui, en détruisant les montagnes d'où s'écoulent les rivières, en portent les déblais à leur embouchure, forment d'autres terrains, comblent les baies et les ports, qui deviennent autant de réceptacles des cailloux et des terres qu'elles charient. Aussi les terres labourables et les fonds de Graville offrent-ils des detritus de coquilles fluviatiles et maritimes, et à deux pieds de profondeur, tout galet roulé! Lorsqu'en 1666, l'on creusa le canal de Vauban, qui va du Havre à Harfleur, il fut trouvé dans les prairies, entre Graville et cette ville, une quille de navire de 80 pieds de longueur, monument qui constate et l'existence de cette fosse et la grandeur des vaisseaux qu'elle pouvait recéler.

Ce sont ces cailloux roulés, et ces terres devenues des herbages qui, en s'introduisant, comme je l'ai dit, par la grande crique de l'Eure et l'entrée de la baie, formèrent au pied du château de Graville, un large banc qui, en éloignant la mer du pied de ses tours, força de faire des fossés au Sud de ses murailles, pour l'isoler. Les exceptions locales de la coutume disent même que le chemin d'Harfleur au Chef de Caux, passait au-dessous du château, entre les maisons du *helleur* et du *sauveur* qui, sans doute, étaient des employés maritimes, demeurant sur le bord de la mer, pour veiller au salut des bâtimens. Maintenant le château et les maisons du helleur, sont enclavés dans des prairies d'une demi-lieue de largeur. On a vu, de mémoire d'homme, de grands anneaux de fer scellés dans les tours du château, pour amarrer les navires, ce qui prouve l'étendue de la baie dont il n'existe rien qui en rappelle la forme primitive.

Ammien Marcellin, auteur du 4e. siècle, parle, dans sa vie de l'empereur Julien, d'une station romaine située à l'embouchure de la Seine, et nommée *Castra Constantia*. On varie beaucoup sur la position de ce camp romain. Un frère Jean de Laval, le place à Coutances, d'autres à Honfleur, à Harfleur, et même à Sandouville; tout cela fondé sur des probabilités plus ou moins chimériques. Coutances est à plus de trente lieues de l'embouchure de la Seine, et Sandouville en est à quatre lieues. En ne voyant maintenant à l'embouchure de la rivière, qu'un marais sillonné de criques et peu sain, on n'a pu croire que l'on eût placé dans des lieux aussi peu favorables, une légion romaine, et l'on a désigné Sandouville, parce qu'on y voit des ruines que l'on croit les fortifications antiques d'un camp romain.

Au 9e. siècle, par la crainte qu'inspiraient les pirates normands qui tombaient à l'improviste sur les points indéfendus de la Neustrie, on barra, par de fortes murailles, toutes les vallées et

6

les dalles qui aboutissaient à la mer et au bord des rivières : on voit des ruines de ces énormes murs à Bruneval, Etretat et ailleurs, comme à Sandouville. Ainsi, ces prétendues fortifications d'un camp, n'offrent point à mes yeux une preuve suffisante pour supposer qu'un auteur contemporain, en parlant de la station romaine, n'ait pas strictement entendu que l'embouchure de la Seine était le lieu même où cette rivière se décharge dans la mer, après avoir recueilli la Marne dans son cours. S'il est exact, comme rien ne prouve le contraire, ce ne pourrait être que sur le plateau qu'il était si intéressant de garder soigneusement, pour ne pas donner entrée aux ennemis dans la seconde Lyonnaise, et ne pas leur laisser détruire les vaisseaux, et s'emparer de forteresses dont la possession les eût rendus maîtres de la Seine; que nécessairement il devaity avoir une grande force militaire réunie à ce *Castra Constantia.*

Peut-être est-il peu important de connaître où était placé *Castra Constantia;* s'il était sur la rive droite ou gauche de la Seine, puisqu'il n'offre rien d'intéressant dans l'histoire; mais il ne paraîtra pas inutile de démontrer que, par des causes accidentelles, nos terres basses ont été tour-à-tour solides et marécageuses, étendues et réduites, habitables et inhospitalières; présage d'un avenir, éloigné sans doute, où elles reprendront ce que leur mobilité nous a prêté, comme pour rappeler à l'homme que ce n'est pas sur ce sol mouvant qu'il doit fixer de longues espérances.

Portons nos regards des terrasses d'Orcher sur les eaux qui baignent le pied de ses falaises, et rappelons-nous avoir vu sur ces mêmes lieux, d'immenses herbages où erraient de nombreux troupeaux, et qui s'étendaient bien avant dans la rivière; un seul banc de sable formé par le flux et reflux, en resserrant le lit de la rivière, a porté sur ces riches prairies un courant qui, en peu de tems, les a fait disparaître de la rive droite et les a reportées sur la gauche. Ce banc se détruira, alors les herbages reparaîtront sous Orcher, et rendront aux propriétaires un revenu immense, mais bien éphémère.

Toutes ces destructions partielles ne sont que les effets d'une cause qui, elle-même, n'est qu'un effet secondaire d'une marche universelle de la nature, inconnue jusqu'à présent à l'homme.

Il y a eu dans la partie Occidentale de l'Europe, une grande révolution, celle de la séparation des Iles Britanniques d'avec le continent. Sans doute cette grande scission ne pût être spontanée; mais elle ne fut opérée qu'après une longue suite de siècles.

Je sens combien il est difficile pour les géologues qui ne peuvent que faire marcher lentement la nature, d'allier leurs systèmes avec les chroniques sacrées, qui la circonscrivent dans des bornes trop étroites. Le savant Buffon a offert un *mezzo termine*, que les théologiens et les philosophes peuvent adopter, et alors, sans être entaché d'impiété, tout deviendra probable en géologie. Que les sept jours de la Génèse ne soient plus des jours de 24 heures, mais sept longues périodes indéterminées, alors on pourra repousser vers des tems incommensurables les grandes révolutions de la nature, et même la création de la matière, qu'il faut nécessairement admettre pour qu'il n'y ait que Dieu d'éternel.

Je n'irai point pénétrer dans l'antiquité jusqu'à ces tems de longue mémoire où Albion n'était point séparée du continent, et où les couches alternatives de marne et de silex de nos côtes, se joignaient à celles de cette île; mais je parlerai de cet événement pour faire sentir pourquoi nos falaises s'écroulent sans cesse, et obstruent tous nos ports de leurs immenses débris; pourquoi tous les terrains plats circonvoisins du Havre, ont éprouvé tant de changemens, et pour faire pressentir ce qu'ils pourront éprouver encore dans des tems indéterminés; je dois donc me porter aux époques de cette séparation, et en faire remarquer les progrès successifs sur les plans de la Manche.

Le cap de Starpoint et les îles d'Aurigni, Jersey et le cap de la Hague, à en juger par leur rapprochemens, durent former une première digue qui s'opposait au libre flux des mers vers le Nord; un terrain bas, l'entrée de quelque rivière purent offrir un point contre lequel tous ses efforts se portèrent pour s'introduire dans les terres; si le courant trouva quelqu'obstacle direct qu'il ne put franchir, il se divisa et agit sur ses côtés, les mina, les élargit, l'obstacle devint une île, et les côtés une baie. Ce premier passage franchi, le flot agit de la même manière sur les terres de la Basse-Normandie, sur celles du pays de Caux, de la Picardie et de l'Angleterre, jusqu'au franchissement du Pas-de-Calais, second obstacle. Alors les dévastations des falaises furent moins rapides, le flot ne remonta plus qu'à quelques lieues au-dessus de Rouen; les marées, dans ce second bassin, ne furent plus que de trente pieds ou environ; mais dans le premier elles furent encore de cinquante-deux pieds, à cause des obstacles qui en retardaient la circulation. Lorsque le Pas-de-Calais sera suffisant en largeur et en profondeur, pour l'évacuation proportionnelle de la masse d'eau qui entre dans la Manche, alors la mer s'éloignera de nos côtes, des terres nouvelles reprendront sa place, les continens et les îles se rapprocheront, se réuniront, et, comme dans la Méditerranée, depuis la séparation de l'Afrique et de l'Europe, les marées se feront à peine sentir dans la Manche.

Ce sont sans doute les dévastations occasionnées sur les côtes de la Méditerranée par la mer, qui, comparées à des géans et à des monstres, furent vaincus et détruits après que le puissant Hercule eut séparé les montagnes de Calpé et d'Abila.

Le dragon nommé *Gargouille*, qui ravageait

et dévastait les environs de Rouen, n'était qu'une allégorie des malheurs occasionnés par les eaux. Un évêque bienfaisant employa des malfaiteurs pour les travaux dangereux de les faire écouler; il enchaîna le monstre, et mérita par sa bienfaisance, les honneurs de l'apothéose.

Ce que j'ai dit sur les accroissemens de notre plateau et sur les causes qui ont dû en diminuer l'étendue, doivent suffisamment convaincre qu'il a pu successivement par la direction des courans, être solide et marécageux.

Une preuve matérielle va appuyer ce que j'ai avancé, et en démontrer la vérité presque jusqu'à l'évidence.

Lorsque l'on creusa l'enceinte nouvelle de la ville du Havre, après avoir dépassé plusieurs couches de tourbe, dont les lits s'étendent dans la mer par-dessous la jetée du Sud, à environ 30 pieds de profondeur, on découvrit une quantité de gros arbres résineux avec leurs racines. Ils étaient entiers et parfaitement conservés dans cette terre imprégnée de sel marin. Les terrassiers auxquels ils furent abandonnés, les scièrent et les fendirent pour leur usage.

En faisant des fouilles pour le bassin de la Barre, à dix pieds de profondeur, il fut découvert, outre des arbres, une pirogue de quarante pieds de long, faite d'un seul arbre; les deux extrémités étaient pointues et massives, et l'intérieur renforcé par des courbes formées à même de l'arbre; elle avait près de quatre pieds de bau et environ deux pieds de creux; elle était si parfaitement conservée, qu'elle put être transportée derrière la maison des ingénieurs des ponts et chaussées, sur la jetée du Sud. Mais, exposée au soleil et à la pluie, elle ne tarda pas à tomber en efflorescence, et un mois après elle était en poussière. Cette pirogue fut reconnue pour être de bois d'orme, arbre indigène; ce qui prouve qu'elle avait été construite pour l'usage des habitans du pays; on avait trouvé dedans les débris d'un squelette humain (*g*).

Outre les principaux agens de destruction qui ont changé la forme de notre rivage, on doit joindre ceux occasionnés par ces terribles météores dont la mémoire des hommes conserve le souvenir. Un terrain bas, composé de sable, de vase et de cailloux roulés, devait céder facilement à l'action des flots, que les ouragans déroulaient sur un sol qui n'était défendu que par les digues naturelles que la mer s'oppose à elle-même, et qui, comme le doigt de Dieu, semble tracer des limites à la fureur de ses vagues! Mais les hommes qui ne savent rien prévoir, et pour lesquels le présent est tout, dégradent les rivages, enlèvent les bittes qui en protègent la base, pour se former des habitations. Ils excavent les plages, rompent les bancs de roche qui les soutiennent, pour en tirer une terre glaise dont se font les pavés, les tuiles et les briques. Les digues s'écroulent, diminuent de solidité et d'épaisseur, et les terrains bas qu'elles défendent sont inondés et ravagés. A peine le Havre-de-Grâce commençait-il à se bâtir avec les pierres des digues, qu'au 15 janvier 1525, une tempête mémorable fit déborder la mer pendant la nuit, et la presque totalité des habitans fut noyée; vingt huit grands bateaux furent transportés par-dessus les prairies, jusque dans les fossés du château de Graville, dont le père du sieur de Marceille, qui rapporte cet affreux événément, était gouverneur. Ces navires ne purent être relevés et y furent dépecés.

Nous avons vu il y a six ans, dans un coup de vent d'équinoxe, la mer rompre les digues de l'Eure, inonder le village de la Grande Eure, et des bateaux voguer dans les rues de la ville.

En résumant, il est évident que des causes majeures ont changé la forme de la terre, en ont plongé des parties immenses dans les mers, ont formé des lacs, des Méditerranées, des détroits, des archipels, des îles; que les eaux accumulées par des digues naturelles, qu'elles ne pouvaient franchir, ont dû s'élever presqu'au niveau des montagnes primitives, ont dû en dégrader les flancs et former des montagnes de deuxième ordre, composées de coquilles maritimes, et de leurs détritus déposés depuis tant de siècles dans les abîmes des mers; que les fleuves sous-marins dont le cours était arrêté, tendaient toujours à accroître la hauteur des eaux; qu'enfin, après qu'ils eurent rompu les digues (*h*) qui les captivaient, il en dut résulter des courans impétueux qui, dans leurs courses divergentes, changèrent la forme de la terre, et transportèrent sous les zônes boréales et australes, les corps d'animaux créés pour la zône torride; que ces eaux, en offrant des surfaces plus étendues, durent diminuer par une plus grande évaporation; que des terres nouvelles s'élevèrent, et que des êtres humains échappés à ces naufrages, par la puissance divine, réformèrent des peuplades qui, instruites par l'expérience, cultivèrent des sciences conservatrices de leur existence. Il est évident que ces grands événemens ne furent pas rapides, mais si lents qu'ils ne peuvent être limités dans des espaces de tems calculables; qu'il s'en prépare encore et continuellement sous nos yeux, sans que de notables changemens puissent les faire apercevoir; ce qui est en ce moment, ne sera plus sous les mêmes formes dans quelques milliers d'années. Nos contemporains, plus observateurs que les hommes des siècles passés, apprendront aux hommes des siècles à venir à observer les effets de la nature qui détruit et de la nature qui recrée; peut-être en découvriront-ils les causes; peut-être encore jouiront-ils de ce printems éternel que semblerait présager cette précession des équinoxes, et dont l'antique tradition nous est conservée sous les noms d'Eden, de siècle d'or, de règne de Saturne. Il ne serait pas conséquent de démentir les observations faites par des savans de l'antiquité, par les prêtres de l'Egypte, et communiquées par eux à

Platon; par celles d'Hérodote, qui furent si long-tems taxées de fables, et dont plusieurs sont, de nos jours, reconnues pour des vérités; qu'il n'appartiendra qu'à la postérité de nos arrières-neveux, d'apprécier nos systèmes, nos commentaires et nos critiques. Bornons nous à décrire ce que nous voyons et ce qui s'est passé depuis quelques siècles seulement, puisque l'ambition des grands, en forçant nos ancêtres à prendre une part active dans des querelles qui leur étaient étrangères, a éteint le flambeau du génie pendant la barbarie de leurs règnes.

Grâces soient rendues à ces pieux cénobites qui, dans le calme des cloîtres, nous ont conservé et transmis les chefs d'œuvres littéraires de l'antiquité, et des observations parmi lesquelles on peut démêler des vérités, en élaguant ce qui tient aux préjugés d'un siècle ridiculement superstitieux; on doit recourir avec confiance aux compilations de ces moines, et même avec discrétion à leurs légendes, parce qu'ils ne pouvaient avoir l'intention ni la maladresse d'induire en erreur leurs contemporains, sur des faits purement historiques; la postérité en dira-t-elle autant de nous?

NOTES.

(a) Page 8.

Les commencemens du Havre furent marqués par des événemens qui eûssent pu laisser de fâcheuses impressions dans l'âme des nouveaux habitans, et peut-être les éloigner d'une ville qui s'élevait sous de sinistres augures. Tel est le fait, rapporté par de Marceille.

« Tôt après (la nomination du sieur Guïon Le Roi, chevalier, » seigneur de Chilou, Poitevin, vice-amiral et capitaine de la » ville françoise de Grâce) advint un cas méchant à l'endroit » dudit sieur de Chilou, qui fut que ledit sieur, n'aïant qu'un » seul fils appelé Gilles Le Roi, seigneur Duplessis, le maître » d'hôtel d'icelui, pour quelque soupçon qu'il avoit qu'un » gentilhomme de la maison n'abusât de sa jeune fille âgée » de 13 ans, damoiselle de la dame, femme dudit seigneur » Duplessis, fille de Messire Gaston de Brezé-Maulevrier, » frère puîné du grand sénéchal de Normandie; pour s'en » venger, délibéra d'empoisonner ce gentilhomme; pour exé- » cuter son mauvais dessein qu'il n'eût pu faire de force, jeta » quelques poudres vénéneuses sur un oison, et arriva que le » maître d'hôtel, innocemment, au lieu de mettre ledit oison » sur la table devant le gentilhomme, suivant le dessein de » le faire mourir, le servit devant son maître, lequel sitôt » qu'il en eut goûté, fit descendre le plat au bas de la table, » disant qu'il était de mauvais goût et amer, et pour en » savoir le vrai, ceux d'en bas en auroient voulu goûter, et » entr'autres ledit gentilhomme, mais ce fut à leurs dépens, » parce que ceux qui en goûtèrent ou mangèrent, moururent, » hormis ledit gentilhomme, lequel voïant tel accident arriver » à son maître et aux autres, se jeta nud dans le fumier chaud » des chevaux, ce qui le préserva de la mort avec quelque » breuvage dont il usa sur l'heure, mais ce ne fut sans

» très-grand danger de sa personne, parce qu'il vint pelé depuis » la tête jusqu'aux pieds, et voïant ce maître d'hôtel qui'il avoit » causé la mort à tant de personnes, desquelles étoient sa » fille, y en aïant quatorze de morts, voulut se faire mourir » et courir même fortune, et pour ce, manger dudit oison. » La dame Duplessis n'y aïant touché, resta saine, et depuis » le décès de son mari, se remaria au sieur Desneval. »

En ce même tems, le jour de Saint-Maur, 24 février 1525, arriva la tempête nommée *la Male Marée*, qui noya presque tous les habitans du Havre.

A cette même époque, et même jour, François Ier., fondateur du Havre, fut fait prisonnier à Pavie.

(*b*) *Page* 10.

Extrait du compte rendu par le trésorier de la ville d'Harfleur, en 1491, aux admininistrateurs et à la chambre des comptes, etc.

« Pour fourniture faites au capitaine Henri Flamen et sa » bande et compaiges au nombre de sept vingt, tous ostrelins » de Dannemarck, lesquels furent menés au Chef de Caux, au » mois d'avril, avant Pasques 1491, pour résister à la descente » que s'efforçoient faire les angloys, audit lieu de Chef de » Caux, pour ce que, dès-lors, les nobles et gens du pays » n'étoient pas assemblés ».

« A Guillebert, pour avoir vendu plusieurs harnoys, arba» lestres, couleuvrines et autres habillemens de guerre, auxdits » ostrelins, lesquels habillemens tenoient pour gaiges 14 livres » 16 sols ».

» Jacques Frontault, 8 barils de cœrvoise . . 8 l. » s. » d.
» Pour 209 pots de cidre, chaque pot . . . . » » 5

» Hareng, à. . . . 1 l. » s. » d. le cent.
» 500 sardines, à. » 5 » le cent.

Pour les chevaux.

» Demi-vergée de vesce . . . . 12 s. » d.
» Vergée de foin . . . . 10 »
» 3 quarterons de dragée . . . . 15 »
» Pour un gros tabour pour lesdits ostrelins. 7 6 d., etc. »

(*c*) *Page* 15, *ligne* 24.

Pour des gaulx apportés de la fosse de l'Eure, où ils avaient été assemblés et cueillis. Compte de 1489.

En 1544, lors de l'incendie du navire de 1,200 tonneaux, nommé le Saint-Philippe ou Caraçon, qui prit feu sur la rade, et qui faisait partie d'une grande escadre, des galères l'accrochèrent et le menèrent au Hoc de la fosse de l'Eure.

(*d*) *Page* 18, *ligne* 14.

L'armée de Henri V était commandée par son frère le duc de Clarence; elle était composée (dit Nagarel), de 8,000 hommes des environs de Caen, et 14,000 anglais de Calais, il fit sa descente au port de la Hève, dit de Sanvic, dont il fit boucher le port avec ses nacelles pleines de pierres.

L'armée française dans Harfleur, était de 1,600 hommes d'armes, et deux archers par chaque homme d'arme 4,800 hommes.

Le Roi était pendant le siége, au Prieuré de Graville, et Clarence était de l'autre côté d'Harfleur.

(*e*) *Page* 29.

Une grande quantité de noms des communes du pays de Caux, sont des noms saxons, et annoncent l'antique présence de ce peuple dans cette partie des Gaules qui était comme les côtes maritimes de la Basse-Normandie, *le littus saxonicum.* Parmi ces noms, j'en citerai quelques-uns des environs du Havre. Sanvic, *Wic* en saxon..... *A Place on the sea-shore or on the bank of a river. It may properly signify a town, a village or dwelling place. Wica a country house or farm and there are many such houses now called the wic and the wica.....* La ville de Sandwich en Angleterre, est le même nom saxon. Sand est le bord sablonneux de la mer.

La commune de Senneville signifie village saxon, les gaulois appelaient ces peuples les *Sennes.* Les noms terminés en *tot* ou *thuit* dérivent de *stow, locus; holme, holmet,* en saxon, lieu aquatique. Hogues, vient de *Hoogh*, montagne, côte. Étainhus, *Stain heus,* habitation de pierre, etc., etc.

(f) *Page 40.*

THOT ou MERCURE, instituteur des arts, patron des marchands et des voyageurs.

> Deum maximè Mercurium colunt, hujus sunt plurim simulacra..... Hunc viarum atq. itinerum ducem, etc.
>
> J. C. DE BELLO GALL.

TARANIS, du celtique *taran*, tonnerre..... le soleil.

MITHRA..... *Solem mithram sacrumque invocant ignem.*

Q. Curtius, l. VI.

> Quem cœlestem, Afri, Mithram, Perses pleri que venerem, colunt pro diversitate nominis, non pro numinis varietate.
>
> ST.-AMBROISE, Epistola 18, n. 30.

Deo invicto, Mithr. secondinus dat.

Ex Voto Gaulois.

BELENUS. Ces divers noms du soleil lui étaient donnés suivant les vertus attribuées à Apollon, Phebus ou Esculape. Dans ce nom de Belenus, était le nombre des jours de l'année.

B.	E.	L.	E.	N.	O.	S.	
2.	5.	30.	8.	50.	70.	200.	} 365.

Isis. Sa racine phoénicienne et hébraïque signifie *Vierge*. Elle avait des temples à St.-Germain-des-Prés et à Chartres.

Antiq. Parisiennes.

Isis cuncta religione cœlebratur quæ natura est vel terra vel natura subjacens soli, etc.

Macrobe, l. 1, cap. 20.

Esus. Mars, du celtique *Hizzus*, *Fort*, etc.

(g) Page 49.

En faisant des fouilles dans les marais qui entourent la ville du Havre, on découvrit plusieurs pierres de la nature de celles nommées *poudings* dont la forme était hémisphérique, d'environ un pied de diamètre, percées de part en part dans le milieu, par un trou rond et fait en entonnoir, n'ayant qu'un pouce et demi à son orifice, et quatre pouces par le côté convexe. Il y a sur la circonférence, une échanerure d'où part un autre trou transversal qui va joindre au centre celui perpendiculaire, ce deuxième trou est pareillement formé en entonnoir, et est ouvert de deux pouces à l'extérieur, réduit au centre à un pouce.

(Note manuscrite de M. Dubocage de Bléville.)

Le travail de ces pierres très-dures, n'a dû être fait qu'avec beaucoup de peines et de tems.

Etaient-ce des objets consacrés au culte? Etaient-ce des meules à broyer? Dans ce dernier cas, on doit trouver d'autres meules concaves : la forme des trous ne paraît point apte à recevoir une axe ou une manivelle.

Toutes ces circonstances réunies tendent à prouver que le plateau du Havre fut jadis vaste, cultivé, fertile et très-habité.

(*h*) *Page* 50.

Il ne suffit que de jeter un coup-d'œil sur des cartes générales de géographie pour se convaincre que tous les détroits sont toujours précédés de baies qui annoncent que les mers, avant de s'ouvrir un passage, s'accumulaient, détruisaient les terres circonvoisines, formaient des lacs ou des mers intérieures, et à leur issue violente, déchiquetaient les rivages, et les divisaient en îles.

Prenons pour exemple, la Méditerranée.

Le palus méotide dans lequel coule le Tanaïs, barré par la Cherzonèse Taurique, forma un grand lac qui s'ouvrit un passage, inonda les terres, et creusa le Pont-Euxin, cette vaste mer se fit issue par le Bosphore de Thrace, forma le lac de la Propontide qui déboucha dans l'Archipel; mais ces eaux, retenues par les terres dont les Ciclades et les Sporades sont les restes, inondèrent une grande étendue de terre, formèrent la mer OEgée, et à la suite, la mer de Crète : l'île de Crète divisa le courant de décharge de toutes les eaux de l'Archipel, l'un se porta vers l'Asie, l'autre contourna le Péloponèse, et agit extérieurement sur la digue qui retenait les eaux de l'Adriatique; on aperçoit jusqu'au détroit de Gibraltar, cette suite de bassins formés par la Sicile, la Sardaigne et la Corse; l'issue de cette masse d'eaux put, en se précipitant dans l'Océan, anéantir cette Atlantide dont la mémoire seule s'est conservée. Quelques anciens ne l'ont cependant pas supposée entièrement détruite, et ils ont prévu qu'un jour on pourrait en découvrir quelque partie au-delà des mers qui ont conservé le nom de cette terre. Sénèque le tragique, dans un des chœurs de sa tragédie de *Médée*, dit :

« Venient annis
» Sæcula seris quibus Oceanus
» Vincula rerum laxet et ingens
» Pateat tellus, typhis que novos,
» Deteget orbes, nec sit terris
» Ultima Thule. »

PRIX

DES MARCHANDISES ET DENRÉES,

AU 15e. SIÈCLE.

Ce ne sera point m'écarter du plan de cet ouvrage que d'offrir aux curieux et aux savans, le tableau du prix des matériaux et des denrées, vers la fin du 15e. siècle, 1482 et 1491. La comparaison de ces prix avec ceux de notre tems, donnera peut-être lieu à des discussions sur la cause de ces variations et sur les effets qu'elles ont dû produire sur la moralité des peuples. Nos ancêtres furent-ils plus heureux et eurent-ils plus de mœurs que nous? Les uns croiront qu'en payant avec moins de numéraire, les objets que nous payons vingt fois plus qu'eux, nous devons être dans une moindre aisance : d'autres supposeront que, privés de commerce et d'industrie manufacturière, les hommes devaient manquer des choses les plus nécessaires au bonheur, et qu'ils étaient réduits à la nécessité de vendre leur travail au rabais, pour se procurer la plus chétive existence.

On attribuera leur pénurie de numéraire aux guerres malheureuses, aux rançons, aux vexations féodales, à l'ambition insatiable d'avides courtisans, et à l'excès des taxes arbitrairement et astucieusement imposées sur les peuples.

Mais jouissons-nous d'une fortune plus réelle que nos aïeux, parce que nous voyons circuler autour de nous tant de richesses de convention?

M. Hume éclaire la question financière : c'est, dit-il, une maxime évidente que le prix de chaque chose dépend de la proportion entre les denrées et l'argent, et que toute altération un peu sensible sur l'un et l'autre sujet, a le même effet de hausser ou diminuer les prix : augmentez la quantité des denrées, elles deviennent à meilleur marché; augmentez l'argent, elles haussent de valeur.

Nos aïeux eurent-ils plus de mœurs que nous ? Cette demande est intempestive, parce qu'entourés encore de beaucoup d'abus nés de la révolution et pendant l'absence d'un gouvernement légitime, nous ne pourrions nous dire plus moraux et meilleurs au 19e., qu'au 15e. siècle; alors des principes religieux et des lois de police modéraient les saillies des passions, et écartaient de la société ce qui pouvait ajouter à leur effervescence : il n'existait pas une quantité sans mesure de cabarets, de billards et de lieux de débauche qui sont des alliciemens pour exciter à l'ivrognerie, à la paresse et à la dissolution, parce que ces vices sont autant de canaux qui conduisent l'argent du peuple dans les coffres de la fiscalité. Attendons qu'un gouvernement sage et religieux ait effectué ses promesses, et nous croirons, contre le sentiment d'Horace, que nous sommes meilleurs que ne furent nos pères.,

Ætas parentum, pejor avis tulit
Nos nequiores, mox daturos
Progeniem vitiosiorem

JOURNÉES DE PIONNIERS. Aux pionniers, pour avoir aidé aux canonniers à mettre promptement, pour aucunes nouvelles qui étoient survenues, les artilleries grosses et menues à point sur leurs roues, et même partie d'icelles, porter sur les murailles et tours d'icelle ville, avec les pouldres, plombées et coffres à les mettre, et aussi pour avoir serché grand nombre de boules à canon qui étoient enfoncées en terre, icelles mises en place et arrimées pour les recouvrer quand mestier en seroit..... 43 jours, à 4 sols, trois sols et 2 sols 6 deniers tournois. . . . 4 l. 3 s. 3 d. tournois.

MAÇONS. . . . Gagnoient 4 s., 3 s., et leurs varlets 2 s. 6 d.

BRIQUE. . . .	30 s. le millier, en 1490.
TUILE.	27 s. le mille.
ARDOISE . . .	45 s., 55 s., et la grande venant de Rouen, 100 s
LATTE	35 s. le mille.
CHAUX. . . .	2 d. le boisseau.
PLATRE. . . .	18 d. le boisseau.
MOELLON. . .	28 d. la bannelée.
FESTIERS . . .	9 d. chaque.
BROUETTES. .	Pour les manœuvriers, 20 s. chaque.
CIVIÈRES. . .	Pour porter pierres et pezants faitx à quatre hommes, 20 d.
SEILLES. . . .	7 seillets pour apporter l'eau aux maçons, 6 s. 5 d.
	5 sceaux ferrés, 11 s.; non ferrés, 3 s.
CHEVRONS. . .	104 et 200 soliveaux, à 10 l. le cent, 34 l 2 s.
SOMMIERS	De 18 pieds de long, 1 pied de refait, 26 s.
ET BOIS . . .	Une douzaine de colombes, une pièce de fest, deux pièces de gros bois tort, pour une plate-forme, avec six soliveaux pour une grosse tour près la porte de Montivilliers, etc. 10 l. 10 sols.
	1 grand arbre d'orme, 1 l.
	1 très-grand arbre, 60 sols.
	9 ormeaux, 15 s., pour les affûts de l'artillerie.
PLANCHES, . .	5 douzaines, deux croûtes pour une de vingt pieds de long, 45 s. la douzaine.
	De 7 à 8 pieds; 80 ais, 43 s. 9 d.
ROUES DE CANON . .	6 paires, 2 grandes et 4 petites, 2 pour gros canons, et 4 des faulcons de l'artillerie de la ville; pour chacune paire de grandes roues, 45 s.; et chacune des petites, 20 s.
PLOMB	Œuvré, 12 deniers la livre, et en 1491, 18 d.
	Brut, 8 deniers.
	Vieux plomb, 6 deniers la livre.
CUIVRE. . . .	4 sols la livre.
	Bannières d'airain, 5 sols chaque.
	Deux poulies de cuivre et 1 sceau ferré, 7 s. 6 d.

FER. . . . . . ŒEuvré, 9 deniers la livre, ou 10 d., ou 12 suivant le travail.

CABLE. . . . . Pour un câble qui sert au guidas de la grosse chaîne qui est entre les deux grosses tours, pour garder que navires entrent sans congé, à 8 d. la livre.

CANONS ET ARTILLERIE. . A Pierre de Thicaville, maistre ouvrier de fonte d'artillerie, demeurant à Paris, pour la façon seulement de la grosse coulevrine de la ville d'Harfleur, pesant 1,750, au prix de 7 livres tournois le cent, 122 livres 10 sols.

Audit, pour la façon de 12 faulcons de fonte pesant, compris deux moules pour les faulcons et la coulevrine, 1,290 livres, à 8 livres tournois par chacun, 96 livres, par marché fait, etc.

Pour achever la fonte, 41 livres de métal, 5 livres 2 sols 6 deniers.

POULDRE A CANON. . . Deux milliers de soufre, à 22 livres 10 sols le millier.

CHARBON. . . 4 sols 6 deniers la somme, charbon de genièvre 15 d. le boisseau, et de saulx, à 12 deniers.

Pour un chargeux de 3 pieds et demi de long, 18 deniers.

TOILE. . . . . Pour faire des saches, 2 sols 9 deniers.

PEAU . . . . . A Jehan-Bernai Gantier, pour 18 sacs pour mettre les pouldres à canon que l'on a portées au Chef de Caux, pendant le tems que les angloys étoient près dudit lieu, doubtant qu'ils voulsissent faire descente, auquel lieu furent menées plusieurs pièces d'artillerie de ladite ville d'Harfleur, 32 sols 6 deniers.

MÈCHES. . . . Pour les falots de la ville, 36 douzaines, à 12 deniers la douzaine.

TAPONS. . . . Deux sols par cent.

HACQUEBUTES. Pour les affûts de 23 pièces et neuf chargeurs pour les serpentines, 27 sols 6 deniers.

CERCLES . . . 8 douzaines, pour relier la pouldre, à 2 sols la douzaine.

VIVRES ET FOURAGES, *voir la note b.*

PAIN. . . . . Il m'a paru très-difficile de fixer le prix de chaque livre, parce que l'on ne dit pas le poids de chaque pain. Il en existait de blanc et de biset, ce dernier valait 6 deniers le pain, et le blanc jusqu'à 10 deniers. Mais en calculant qu'il a été fourni à environ 150 hommes, et supposant à chacun trois livres de pain pour deux jours, le prix, sans distinction de blanc et de biset, aurait valu 2 deniers et demi la livre.

SUIF . . . . . 15 deniers la livre.

FROMAGE ET BEURRE. 12 fromages et 6 livres de beurre, 12 sols.

DORURE. . . . A Abraham Delaure, peintre, pour avoir doré d'or fin sur les ouvrages de plomb mis et assis sur la grosse tour du Lyon, c'est à savoir, le Lyon et la d'icelle, les cartes et pillers pour les fleurons, les fioles à côté, avec le bouton de haut et les nacelles des côtés, deux timbres du Roi, et les pommes de dessus, un écu double, et les armoiries du Roi, et les...... d'entour la grosse tour, le tout d'or et d'azur, et peint 4 bannières de rouge, à chacune une croix blanche au milieu, et fait les armes d'icelle ville, au front de ladite tour, 9 livres tournois.

VOIAGES. . . . A Jehan l'Admiral, pour un voïage par lui fait vers le Roi notre Sire, étant à Nantes, pour savoir son bon plaisir touchant le frère Jacques Talbot et son compagnon, détenus prisonniers à Harfleu, pour auculnes trahisons et entreprises faites par ledit Talbot, sur ladite ville, etc., 8 livres.

A Jehan de Beaulieu, pour porter au Roi, à Angiers, certaines lettres des officiers et bourgeois, pour l'advertir que le seigneur de Stales étoit parti d'Angleterre pour aller au païs de Bretaigne, pour donner secours aux bretons, 8 livres.

A Jehan Lebouteiller, pour un voïage fait en cour, vers notre Sire, pour porter lettres pour advertir d'auculnes entreprises que l'on disoit que les angloys vouloient faire sur Harfleu, seize jours, à 16 s. 3 d. par jour, 13 livres; etc., etc.

Je pense que les prix des objets ci-dessus qui, la plupart, sont d'un usage habituel, rempliront le but que je me suis proposé : l'étendue d'un très-gros volume grand *in*-4°., contenant les comptes de dix années, la prolixité de chaque article, leur minutieuse exactitude, la forme de l'écriture, tout a rendu ce travail si ennuyeux, si pénible, qu'il n'a fallu, pour soutenir mon courage, rien moins que l'espoir qu'il pourra être utile aux raisonneurs en finances, et qu'il pourra même amuser des curieux.

www.ingramcontent.com/pod-product-compliance
Lightning Source LLC
LaVergne TN
LVHW020450230826
846091LV00004B/1627
9782013627214